Kleine feine

# Weihnachtsideen

Kleine feine
# Weihnachts-ideen

Mary Norden
Fotos von Sandra Lane

ARTEA

*Für die Garrads,*

*als Dank für*

*viele wunderschöne*

*Weihnachtsfeste*

# *Inhalt*

*Sind es nicht immer wieder die kleinen Dinge, die zählen? In diesem Buch finden Sie eine Fülle von Anregungen, wie Sie mit Liebe zum Detail Großes bewirken können: im Hause Inseln der Phantasie schaffen, Geschenke originell verpacken oder den Tisch einmal ganz anders decken.*

*Alles, was Sie sehen, ist einfach und ohne großen Aufwand nachzumachen. Aber mehr noch: Das Buch wird Ihren Blick dafür schärfen, wie leicht es ist, aus einfachen, alltäglichen Dingen Besonderes zu zaubern.*

*Gelingen werden solche Überraschungen immer dann, wenn Ihre eigene Freude daran sichtbar wird und man Ihre liebevollen Gedanken herausspürt.*

*Machen Sie die Festtage für sich selbst, für Ihre Familie und Ihre Freunde zu einem ganz besonderen Erlebnis.*

*Frohe Weihnachten!*

# Stil Form & Farbe

# Weiße Weihnacht

*Auch ohne Schnee kann man Weihnachten in Weiß feiern. Besonders elegant wirken dabei schlichte weiße Materialien und einfache dekorative Accessoires – weißes Papier, helle Steine, cremefarbene Kerzen, schimmerndes Milchglas, edles Porzellan. Litzen, Borten und Bänder verleihen der Zusammenstellung eine ganz persönliche Note. Da weder Muster noch Farben benutzt werden, spielt die Struktur der verschiedenen Materialien eine besonders wichtige Rolle.*

**Diese Seite und gegenüber:** Pomponlitze, die man beim Raumausstatter als Meterware kaufen kann, zaubert kleine Schneebälle auf den Tisch. Sehr edel wirken auch weiße Kieselsteine, auf die gefaltete Serviette gelegt und mit feiner Silberkordel umschnürt. Das Motiv kann man wiederholen, indem man weitere Steine auf der ganzen Länge des Tisches verteilt.

## Federschmuck

**Federn haben etwas herrlich Dekadentes. Besonders apart wirken sie als Accessoire zu Serviettenringen aus glänzendem Pailletten-band oder als flaumig-weicher festlicher Kranz.**

**Gegenüber:** Gestärkte Damastservietten aufrollen, mit Paillettenband oder hübschen Borten zusammenbinden und mit einer Feder schmücken.
**Rechts:** Becher aus Milchglas auf zartem handgeschöpftem Japanpapier, das hier zusätzlich noch mit einem Prägemuster versehen ist. Aus ungewöhnlichem Papier lassen sich reizvolle Tischläufer oder Platzsets machen.

**Links:** Das winterlich weiße Gedeck besticht durch die unterschiedlichen Oberflächen. Glattes Glas, seidiger Damast, die hauchzarte Feder, das fein strukturierte Japanpapier.

**Links:** Der festliche Federkranz ist ganz leicht nachzuarbeiten. Man braucht nur eine preiswerte Federboa und einen Kleiderbügel aus Draht. Den Bügel zum Kranz auseinanderbiegen. Den Haken mit einer Zange abknipsen oder als Aufhänger benutzen. Boa mit dünnem Draht oder Klebeband an einem Ende befestigen, um den Kranz winden und das andere Ende nach innen einschlagen. Ganz schlicht lassen oder mit silbernen Kugeln und Schleifen dekorieren.

# Weiße Winterzweige

**Dekorative Winterzweige sind für moderne Interieurs eine Alternative zur traditionellen Tanne. Die kühnen graphischen Formen in Kombination mit den weißen Kugeln in Frostoptik sind ein eigenwilliger Blickfang.**

**Oben:** Hier wurde eine Lichterkette nicht wie üblich in die Zweige gehängt, sondern zum Netz geflochten und um eine Vase mit Zweigen arrangiert.
**Rechts:** Baumschmuck mit Frostoptik bringt die Formen der Weidenzweige besonders schön zur Geltung.

Sehr modern wirkt ein stilisierter Baum aus den Zweigen von Korkenzieherweide oder -hasel (im Blumenladen erhältlich). Am schönsten kommt das Arrangement in einem Zinkeimer zur Geltung. Zur Stabilisierung Zeitungspapier, Kieselsteine oder Sand verwenden. Den Zweigen verleiht man einen Hauch von Winter, indem man sie leicht weiß besprüht. Wer sich ganz auf Weiß beschränken möchte, kann auch kleine Geschenke in weißes Seidenpapier verpacken und mit weißen oder silbernen Bändchen am Baum befestigen.

**Oben:** Ein aparter Schmuck für die Zweige sind ausgeschnittene Sterne aus Silberfolie oder Papier, in kleinen Umschlägen aus halbdurchsichtigem Pergamentpapier.
**Links:** Flauschige Babysöckchen an Gardinenringen mit Clips – eine bezaubernde und ungewöhnliche Dekoration.

**Oben:** Weiße Porzellanschälchen als Kerzenständer. Kerzen mit Wachsplättchen fixieren und mit Kieselsteinen umgeben.
**Rechts:** Eine Glasvase, mit weißen Steinchen gefüllt und mit Blumensteckkerzen geschmückt. Richtig dramatisch wirkt so ein Arrangement in einem Zinkeimer!

# Schlichte, schöne Kerzen

**Auch wenn es Kerzen seit Jahrhunderten gibt, kann man sie immer wieder neu und zeitgemäß präsentieren. Eine Vase oder ein Eimer mit vielen dünnen, langen Kerzen oder mehrere dicke Kirchenkerzen auf Fensterbank oder Tisch füllen den Raum mit warmem, einladendem Licht.**

Verschieden große und dicke Kerzen sind hier großzügig in Szene gesetzt. Besonders eindrucksvoll wirken sie vor einer reflektierenden Fläche, zum Beispiel einer Glaswand, einem Fenster oder vor einem Spiegel. Auch als Arrangement, über die ganze Länge eines Eßtisches verteilt, verfehlen sie nicht ihre Wirkung: Die Kombination mit weißen Kieselsteinen schafft einen interessanten Kontrast der Formen und Oberflächen.

## Originelle Päckchen

**Stilvoll verpackte kleine Aufmerksamkeiten oder Leckereien sind auch eine hübsche Tischdekoration. Mit dem Namen des einzelnen Gastes versehen, dienen sie gleichzeitig als Platzkärtchen. Oder man verteilt sie nach dem Essen in einem weißen Korb als kleines Präsent an die Gäste.**

Der Weihnachtstisch bietet die ideale Gelegenheit, selbst kleinste Dinge wirkungsvoll zu präsentieren. Mit etwas Vorbereitung und Phantasie wird selbst ein winziges Geschenk elegant und wertvoll. Pralinen verwandeln sich durch weißes Seidenpapier in exotische Blumen, und aus einem Keramikschälchen mit Süßigkeiten wird ein eleganter Tischschmuck. Ähnlich stilvoll kann man kleine Beilagen präsentieren: ein ofenwarmes Brötchen, in eine Serviette gelegt, oder Konfekt und Gebäck zum Kaffee, originell verpackt.

**Rechts:** Wählen Sie auch die Naschereien nach ihrem Aussehen. Hier zieren weiße Wiener Mandeln den Tisch, edel präsentiert in weißem Porzellan und mit einer schimmernd weißen Seidenkordel.

**Gegenüber:** In weißes Seidenpapier gehüllt und mit zartem Organzaband verziert, können Pralinen als Beilage zum Dessert angeboten oder als kleines Andenken mit nach Hause genommen werden.

**Gegenüber:** Eingehüllt in eine Serviette und mit feiner weißer Kordel umwunden, wartet ein knusprig warmes Brötchen auf den Beginn der Mahlzeit.
**Rechts:** Zum Kaffee werden einzeln verpackte und mit weißer Schnur verzierte Pfefferminztäfelchen oder Kekse gereicht.
**Unten**: Knabberspaß und Platzkärtchen zugleich. Die Namen der Gäste werden auf weiße Schildchen geschrieben und mit weißem Band um zwei oder drei Grissini (dünne italienische Brotstangen) gebunden.

*Eßbares, stilvoll eingepackt, erfreut das Auge und macht Appetit.*

# Traditionelle Weihnacht

*Wer das Fest eher traditionell gestalten will, muss sich deshalb bei der Dekoration durchaus nicht nur mit dem altbekannten Tannengrün begnügen. Erweitern Sie die herkömmliche Farbpalette über das klassische Rot hinaus, und bringen Sie opulente Töne wie Dunkelrot, Rotbraun oder Aubergine ins Spiel. Das übliche Grün läßt sich sehr effektiv durch kupferfarbenes Laub und Silberakzente ersetzen. Satte, dunkle Farben zum Schmuck von Tisch und Baum, ergänzt mit frischem Obst und Blumen, wirken behaglich und einladend.*

Hier bilden lila schimmernde Feigen einen reizvollen Kontrast zu samtig dunkelroten Rosenblüten. Die Früchte in eine Schale legen und Rosenblüten in lockerem Arrangement hinzufügen. Wenn man die Stiele erst unmittelbar vorher anschneidet, bleiben sie für den Rest des Tages frisch.

**Rechts und gegenüber:** Ein ausgefallener Serviettenring aus bordeauxrotem Band, dunkelroten Blättern und leuchtenden Beeren. Statt der Beeren kann man auch einen kleinen Zweig blauer Weintrauben verwenden. Eine besonders edle Note erhält das Arrangement mit Rosenknospen.

# Tischdekoration

**Das Weihnachtsessen gehört zu den stimmungsvollsten Mahlzeiten des Jahres und will gut vorbereitet sein. Liebevolle Planung rund um den Festtagstisch zeigt Gästen und Freunden, wie wichtig sie Ihnen sind, und macht Weihnachten erst zu dem, was es ist.**

Wenn Sie einen Eichentisch oder einen anderen dunklen Naturholztisch besitzen, integrieren Sie den satten, dunklen Glanz des Holzes einfach in Ihr Farbschema. Eine Glasschale oder Etagere wird zu einem eindrucksvollen Blickfang, wenn man sie verschwenderisch mit frischen Früchten füllt und mit roten Rosen schmückt. Das ausdrucksstarke Farbspiel führen Sie fort, indem Sie Serviettenringe aus purpurrotem Seidenband mit dunkelrotem Laub und rubinroten Beeren dekorieren.

Für traditionelle Weihnachtsbäume gibt es unzählige Dekorationsmöglichkeiten. Hier wurden Kugeln verschiedener Größen, aber im gleichen matten Rotton, mit weißen »Geschenk-Bonbons«, wie sie in Großbritannien üblich sind, kombiniert. Gut passen dazu die kleinen Lichter einer Lichterkette und die sparsam eingesetzten Goldelemente.

## Baumschmuck

**Die Sitte des Baumschmückens stammt ursprünglich aus Deutschland Im 18. Jahrhundert wurde sie dann in ganz Europa bekannt und beliebt und gelangte im 19. Jahrhundert auch nach Übersee.**

**Oben:** Kleine »Geschenk-Bonbons« eignen sich gut als Baumschmuck. Die Farben sollten passend zur Tischdekoration gewählt werden. Ein Stück Karton um ein kleines Geschenk rollen und mit Klebeband fixieren. In weißes Kreppapier wickeln, das etwa 15 cm länger ist als die Rolle. An beiden Seiten mit rotem Band und einem Beerenzweiglein zusammenbinden

**Links:** Mattrote Kugeln an Schlaufen aus roter Seidenschnur schimmern im warmen Schein der Lichterkette.

**Rechts:** Der ursprünglich rein dunkle Beerenkranz wurde farblich mit roten Kunstbeeren aufgefrischt. Ihre weichen Drähte lassen sich leicht am Originalkranz befestigen. Einfaches dunkelrotes Schleifenband hinzufügen, das farblich zu den neuen Beeren passt, und den Kranz mit einem Nylonfaden an die Tür hängen.

# Wechselspiel

**Künstliche Kränze halten viele Jahre. Mit frischen Accessoires kombiniert, wirken sie dennoch jedes Jahr neu, wenn man sie immer wieder anderswo und phantasievoll präsentiert – auf dem Kamin, als Bestandteil von Kerzenarrangements oder als traditionelle Türdekoration.**

**Links:** Rotes Satinband mit schmalerem Karoband kombinieren, Schleifen binden und mit Draht am Beerenkranz befestigen. Ideal für den Kamin oder eine wettergeschützte Eingangstür.

**Oben:** Mit eingeflochtenen frischen Efeuranken wirken Kränze besonders natürlich. Auf diesem Flurregal werden die Gäste von drei Kränzen mit unterschiedlich großen Kerzen begrüßt. Dieses schlichte Arrangement sieht auch auf dem Kaminsims oder auf einer breiten Fensterbank sehr nobel und elegant aus.

## Dekorationen zum Aufhängen

**Schlichte Dekorationen sind oft die reizvollsten. Tannenzweige an Türklinken und Stuhlrücken verleihen jedem Raum weihnachtlichen Zauber.**

Dekorationen zum Aufhängen können aus allem gefertigt werden, was gerade zur Hand ist: Zweige vom Weihnachtsbaum, ein kleiner Efeustrauß, geschmückt mit künstlichen oder echten Beeren oder schönen, möglichst unzerbrechlichen Kugeln. Auch frische Blumen sehen schön aus. Rote Rosen passen zum Beispiel wunderbar zu Beeren und grünen Zweigen. Türschmuck aus Tannenzweigen hängt man am besten an einer großen dekorativen Schlaufe auf.

**Oben und rechts:** Efeu um einen Drahtring winden, rote Rosenblüten hinzufügen und an einem farblich passenden Band aufhängen.
**Ganz rechts**: Besonders robuste Dekorationen sind Styroporkugeln mit aufgeklebten getrockneten Samenkapseln. Dazu breites rotes Samtband wählen.

## Raffinierte Kerzenhalter

**Aus ganz gewöhnlichen Haushaltsgegenständen wie Teeglashaltern oder leeren Marmeladengläsern lassen sich reizende Kerzenhalter zaubern. Phantasie verwandelt eben die einfachsten Dinge!**

In jedem Haus finden sich ungewöhnliche, dekorative Kerzenhalter wie diese ausrangierten hübsch geformten Joghurtgläser, die kaum geschmückt werden müssen, um ganz neue Seiten zu enthüllen. Damit das Glas beim Abbrennen der Kerze nicht platzt, etwas Wasser auf den Boden des Gläschens gießen. Bei allen Kerzenhaltern darauf achten, dass die Kerzen gut fixiert sind (zum Beispiel mit Wachsplättchen). Wichtig: Kerzen niemals unbeaufsichtigt brennen lassen, besonders, wenn sie mit Zweigen, Blättern oder Beeren dekoriert sind.

**Rechts:** Mit Efeu und Beeren wird aus einem alten Joghurtglas ein reizender Kerzenhalter, der gleichzeitig auch noch flüssiges Wachs auffängt.

**Oben und gegenüber:** Filigrane Teeglashalter lassen sich hervorragend mit Kerzen kombinieren. Mit Efeu und Beeren geschmückt, wirken sie besonders schön in einer Reihe auf dem Kamin oder Eßtisch.

*Unscheinbare Dinge erwachen als Kerzenhalter zu neuem Leben.*

# Exotische Weihnacht

*Schon die Bibel beschwört eine »exotische Weihnacht«: Die drei Weisen aus dem Morgenland bringen Gold, Weihrauch und Myrrhe. Mit ihren edelsteingeschmückten Turbanen, prächtigen Brokatgewändern und kostbaren Gaben inspirieren sie zu einem Farbschema aus sattem Weinrot und Kastanienbraun, Silber und Gold, Perlen und Sternen. Nelkengespickte Orangen und exotisch gewürzte Leckereien verströmen die Düfte des Orients.*

Ein runder Spiegel eignet sich hervorragend als Unterlage für Kerzenarrangements. Er reflektiert den Glanz der Flammen. Klemmhalter für Baumkerzen am Spiegelrand befestigen. Eine große Duftkerze in die Mitte stellen und mit Kugeln in edlen Metalltönen umgeben.

# Tausendundeine Nacht

**Vergessen Sie zur Abwechslung die klassischen Weihnachtsfarben Grün und Rot, und erfüllen Sie Ihr Heim mit den satten, warmen Farben und dem sinnlichen Zauber des Orients.**

Zu einem orientalischen Weihnachtsfest gehören erlesene Accessoires – getriebene oder ziselierte Messingteller, schimmerndes Mattgold, farbenprächtiges, verziertes Glas und Sitzkissen aus Samt oder Gobelinstoff. Die Gesamtwirkung soll opulent sein, sinnlich und exotisch, mit viel glitzerndem Beiwerk in den Farben kostbarer Edelsteine – ein Märchen aus dem Morgenland.

**Ganz links:** Exotische Kumquats in einer hohen, bernsteinfarbenen Schale. **Gegenüber und links:** Gefüllt mit exotischen Leckereien aus Trockenfrüchten, Nüssen und Gewürzen, schimmert die Messingschale golden im Kerzenschein.

**Gegenüber und unten:** Pomander in einer ziselierten marokkanischen Messingschale.

# Duftende Pomander

**Der aromatisch-würzige Duft von Orangen und Nelken zaubert Weihnachtsstimmung. Doch Pomander duften nicht nur köstlich, sie sind auch sehr dekorativ und deshalb ideal als hübsche Geschenke. Lassen Sie sich einfach inspirieren.**

Mit Nelken gespickte Orangen heißen »Pomander« und werden seit dem Mittelalter hergestellt. Da die Orangenschale sehr hart sein kann, das Muster zunächst mit einer Stopfnadel einstechen und dann mit Nelken bestecken. Die fertigen Pomander mit einer luftigen Schleife dekorieren und an Fenster- oder Türgriffe hängen. Arrangiert man sie zwischen Kerzen, bringt die Wärme der Flammen den Duft noch intensiver zur Geltung.

Perlen sind nicht nur eine hübsche Verzierung für Geschenkbeutel, sie können vielen alltäglichen Gegenständen unerwarteten Glanz verleihen. Hier wurde ein altmodisches Kuchengitter mit einem Rand aus schimmernden Perlen in ein festliches Tablett verwandelt. Jede große Perle wird unten von einer kleineren fixiert. Ein Fadenende am Kuchengitter verknoten, das andere mit einer Nadel zuerst durch die große und dann durch die kleine Perle, um diese herum und wieder zurück durch die große Perle führen. Den Faden ein- bis zweimal um den Rand des Kuchengitters schlingen und entsprechend fortfahren.

# Perlen, Kugeln und Edelsteine

**Mit Perlen lassen sich unendlich viele Dekorationen zaubern. Ob an Stoffe genäht, auf feinen Draht gezogen oder in Glasgefäßen präsentiert – sie sehen einfach immer kostbar aus. Manchmal findet man hübsche Ketten aus Glasperlen beim Trödler, auf Flohmärkten oder in Spezialläden. Dabei haben alte Perlen einen ganz besonderen Reiz.**

Seidenbeutel sind eine ideale Verpackung für kleine Geschenke. Mit einer Verzierung aus schimmernden Glasperlen wirken sie besonders edel. Für den Beutel zwei Stücke Seide von jeweils 18 x 18 cm zuschneiden. Die Stücke rechts auf rechts legen und an drei Seiten zusammennähen. Beutel wenden, die offene Seite säumen und diesen Saum zweimal parallel so absteppen, daß ein an beiden Enden offener Tunneldurchzug entsteht. Mit einer Häkel- oder Sicherheitsnadel ein Stück Schnur hindurchziehen, die Enden verknoten. Die Schnur an beiden Seiten herausziehen und den Beutel damit verschließen. Als Dekoration Perlen auswählen, die zur Farbe der Seide passen. Lassen Sie Ihrer Kreativität freien Lauf!

**Oben links:** Goldbesteck wurde in eine weiße Leinenserviette gewickelt und mit einer Perlenschnur zusammengebunden.

**Oben Mitte:** In dem alten Bonbonglas wirken die verzierten Kugeln so edel wie fein gearbeitete Schmuckstücke.

**Oben:** Einfache Weihnachtskugeln lassen sich mit hübschem Paillettenband oder bestickter Borte ganz individuell dekorieren. Zunächst vorsichtig das Metallkäppchen mit dem Aufhänger entfernen. Das Band um die Kugel wickeln und mit starkem Klebstoff oder mit doppelseitigem Klebeband fixieren. Das Käppchen wieder aufsetzen, um die Bandenden zu verdecken. Dekorierte Kugeln als Geschenk auf das Gedeck legen oder gleichzeitig als Serviettenring nutzen.

*Eine Sammlung schöner Glasperlen in einem antiken bernsteinfarbenen Glas schimmert beinahe ebenso exotisch und kostbar wie echte Edelsteine.*

## Festlicher Kranz

Ein einfacher Reisigkranz kann Grundlage für viele Weihnachtsdekorationen sein. Mit frischen Blättern, Zweigen oder jeder anderen Schmuckidee Ihrer Phantasie kann er im Laufe seines »Lebens« viele Gesichter zeigen.

*Der Kranz ist Symbol der Unendlichkeit – und deshalb gerade zu Weihnachten besonders beliebt. Geben Sie ihm Ihren ganz persönlichen Ausdruck.*

Für diesen »goldenen« Weihnachtskranz brauchen Sie einen Kranz aus Zweigen, goldene Sprühfarbe, goldenes Geschenkpapier, verschiedene Goldbändchen, kleine Schachteln und Golddraht mit Foliensternen. Den Kranz auf Zeitungspapier legen, mehrmals dünn mit Goldspray besprühen und jeweils gut trocknen lassen. Die Schachteln in Goldpapier wickeln, so daß sie wie kleine Geschenkpäckchen aussehen. Jedes Päckchen mit Band verzieren. Mit der Heißklebepistole oder starkem Kleber am Kranz befestigen. Zuletzt den Sternendraht locker um den Kranz winden und fixieren.

# Tischdekorationen

**In exotischen Gold- und Bronzetönen schimmert dieser elegante Tisch im Kerzenlicht. Die satten Farben und die Schlichtheit der Dekoration sind eine edle Alternative zu den traditionellen Weihnachtsfarben Rot und Grün.**

Der Läufer aus altem, weinrot und bronzefarben gemustertem Sari-Stoff ist ein ungewöhnlicher Blickfang auf dem zurückhaltend und doch exotisch geschmückten Weihnachtstisch. Die Farben kehren wieder in den antik wirkenden Kugeln, die auf der Länge des Tisches arrangiert sind, und in den kleinen Kugeln an den Servietten.

**Oben:** Die weiße Porzellankuchenplatte mit kleinen weißen Kerzen inmitten bronzefarbener Kugeln ist ein hübscher Blickfang, der warmen Glanz über den ganzen Tisch verbreitet.
**Rechts und ganz rechts:** Der ungewöhnliche Tischläufer ist aus antikem Sari-Stoff.

Ohne viel Mühe lassen sich dekorative Serviettenringe zaubern, die man farblich genau auf die Tischdekoration abstimmen kann.

Für die Sterne benötigen Sie dünne Gold- oder Metallic-Folie, Azetatfilm und Nylongarn. Vor dem Ausschneiden die Goldfolie zur Verstärkung mit Azetatfilm bekleben. Sterne ausschneiden und auf Nylonband reihen. Nadel und Faden jeweils durch die obere und untere Spitze der Sterne führen. Unter jedem Stern einen Knoten machen, damit er nicht verrutscht. Die Sternenschnüre an Nägeln oder Reißzwecken aufhängen.

## Sternenvorhang

**Schmücken Sie Spiegel oder Fenster mit einem Vorhang aus zarten Sternen. Er sieht zauberhaft festlich aus und kostet außer ein wenig Arbeit fast nichts.**

Für die Sterne kann man viele Papierarten verwenden, doch feine Gold- oder Silberfolie wirkt besonders duftig.

## Lichterglanz

Teelichte sind so hübsch und preiswert, daß sie ruhig verschwenderisch arrangiert werden dürfen. Leicht und sauber zu handhaben, sind sie gerade zu Weihnachten ein liebenswerter Raumschmuck.

Die praktischen Teelichte lassen sich mit wenig Aufwand auf vielfältige Weise verschönern. Hier wurde glitzernde Goldborte verwendet. Borte so zuschneiden, daß sie ein wenig länger ist als der Umfang des Teelichts. Enden übereinanderlegen und mit Klebstoff oder doppelseitigem Klebeband sauber verkleben. Großzügig auf Spiegeln, Metalltellern oder Tabletts präsentiert, sehen sie auch mit Samtband, Paillettenschnüren oder Perlenverzierungen wunderschön aus.

**Oben:** Die schimmernde Goldborte mit Bogenkante erweckt den Eindruck, als stünden die Teelichte in filigranen Metallhaltern. Der mattgoldene Teller verstärkt diesen Eindruck.

**Rechts und gegenüber:** Um dem festlich gedeckten Tisch einen kühl-eleganten Touch zu geben, Servietten mit Silberschnur umwickeln. Passend zum sachlich-modernen Ambiente, statt Schleife einen Knoten binden. Kugeln und Lichterkette verleihen dem Ganzen den erwünschten Glanz.

# Moderne Weihnacht

*Metallic-Effekte, die Kombination verschiedener Silber- und Zinntöne mit strahlendem Weiß und sparsam eingesetzten kräftigen Farbakzenten wirken ausgesprochen elegant und modern. Mit passenden Papiersorten und Bändern lassen sich solche Ensembles auf einfachste Weise zusammenstellen.*

# Metallic-Effekte

**Oft reicht schon ein niedriger, im asiatischen Stil gedeckter Tisch, um für das Fest ein unkonventionelles Ambiente jenseits der Tradition zu schaffen.**

Die Tischdekoration ist fernöstlich inspiriert. Schlichte graue Sets liegen diagonal überhängend auf dem Tisch. Eine weiße Lichterkette und Goldkugeln sind hier die einzigen schmückenden Elemente.

*Mit etwas Phantasie werden schon aus schlichtem Papier eindrucksvolle Tischdekorationen, die kein Vermögen kosten.*

Papier ist ein ausgesprochen nützliches und vielseitiges Dekorationsmaterial. Spezialgeschäfte und Kaufhäuser bieten eine Vielzahl unterschiedlichster Papiersorten an – in reichen Farbpaletten und feinsten Struktur-Nuancen. Ideal also, um ganz bestimmte Effekte zu erzielen, zum Beispiel Papier im Knitter-Look für Platzsets. Mit längeren Bahnen können Sie einzelne Gedecke zu Gruppen verbinden. Selbst eine Rolle Geschenkpapier kann zum eleganten Läufer über die ganze Länge des Tisches werden.

**Oben:** Winterliche Kugeln in einem zierlichen Glasgefäß sind hier ein silbern schimmernder Blickfang für einen modernen Festtagstisch.
**Gegenüber und links:** Strukturiertes Papier im Metallic-Look läßt sich mühelos in ungewöhnliche Sets verwandeln. Teelichte bilden eine anmutige Lichterkette über den ganzen Tisch. Übrigens: Jeder Gast hat zwei Servietten, die gestärkt, gefaltet und kreuzförmig übereinander gelegt sind. Sie wirken nicht nur dekorativ, sondern sind bei einem umfangreichen Weihnachtsmenü mit mehreren Gängen auch praktisch.

*Kühle Materialien und warmer Kerzenschein – ein spannungsreiches modernes Ambiente.*

**Oben:** Strukturpapiere wie diese silberne Wellpappe eignen sich hervorragend für Platzsets. Streifen davon zu Serviettenringen falten.
**Gegenüber:** Ganz einfach und gerade deshalb besonders effektvoll sind diese »Platzteller« aus dickem, gefalztem Papier. Der Silberglanz paßt hervorragend zu dem matten Zinnbecher und dem schlichten Teller.
**Links:** Mit diesem zarten Gebilde aus Draht und Perlen (gibt es im Blumengeschäft) wird die Serviette zum aparten Blickfang.

## Modische Servietten

Passend zum Grundthema können Sie aus ganz verschiedenen Bändern und Schnüren zauberhafte Kreationen fertigen, um Servietten statt mit den üblichen Ringen ganz individuell in das Gesamtkunstwerk »Tisch« einzubinden. Verwenden Sie metallisch-kühle Töne und Materialien, und lassen Sie sich für jeden Gast etwas Besonderes einfallen.

**Gegenüber und links:** Damastservietten mit Ringen aus verschiedenen Bändern und Schnüren, die alle das schimmernde Metallthema aufgreifen. **Unten:** Plissiertes Metallic-Band wirkt als Serviettendekoration sehr extravagant. Um den edlen Effekt noch zu verstärken, mit schmalem, mattglänzendem Paillettenband kombinieren.

Schnüre und Borten gibt es in unerschöpflicher Fülle im Kurzwarengeschäft. Dabei sollte man nicht unterschätzen, wieviel man für eine Serviette braucht – rechnen Sie mit mindestens 40 cm. Band oder Schnur großzügig um das zusammengerollte Tuch wickeln und mit einem einfachen Knoten zubinden.
Für einen einfachen Ring aus breitem Metallband benötigen Sie etwa 20 cm. Mit kontrastierender Silberschnur kombinieren und mit einem einfachen Knoten zusammenbinden. Natürlich steht auch üppigeren Varianten mit mehr Materialeinsatz nichts im Wege . . .

**Gegenüber:** Einfache Kerzen- oder Marmeladegläser, mit plissiertem Metallband umwickelt, passen wunderschön zu silbernen Platzsets.

**Links:** Mit einem Mantel aus gefaltetem Metallic-Papier geben Sie zylindrischen Gläsern, Vasen oder anderen Kerzenhaltern eine festliche Note.

# Moderne Kerzen

**Auf neue, ungewohnte und phantasievolle Weise präsentiert, sind Kerzen ein Muß für jeden unkonventionellen Weihnachtstisch.**

Papier, Wellpappe und Metallband verwandeln einfache Gläser oder Vasen äußerst preiswert in elegante Kerzenhalter. Das Band muß etwas breiter sein als der Halter hoch ist. Dem Umfang entsprechend zuschneiden und mit Klebstoff oder Klebeband fixieren. Die Kerzen sollten dabei niedriger sein als das Gefäß.
Auch Metallic-Papier eignet sich gut, um Gläser oder einfache Kerzenhalter festlich anzuziehen. Für ziehharmonikaförmige Varianten brauchen Sie Streifen, die doppelt so lang sind wie der Umfang. Sehr exakt falzen und nicht zu straff um das Glas wickeln, damit die Falten intakt bleiben.

*Aus Vasen, Dosen und Gläsern werden wunderbare Kerzenhalter. Wenn sie erst einmal mit Papier oder Band umkleidet sind, sieht niemand mehr, was sich darunter verbirgt.*

Wie Sie Kerzen arrangieren wollen, hängt auch von Ihren Räumlichkeiten ab. Auf einem langen, schmalen Tisch wirkt eine Reihe aus mehreren kurzen Kerzen reizvoller als eine einzelne dicke Kerze in der Mitte. Auch auf einem Beistelltisch sieht eine Gruppe möglichst unterschiedlich hoher Kerzen interessanter aus als eine Einzelkerze. Auf einem runden Tisch dagegen erzielen Sie mit einer einzelnen Kerze oder einem Kerzen-»Nest« in der Mitte die beste Wirkung.

**Rechts:** Kleine Gläser oder Windlichte in Silber- oder Goldkrepp wickeln. Wenn die Kerze darin angezündet ist, verbreitet sie einen wunderbar sanften Schein. Beim Zuschneiden darauf achten, daß das Papier etwas höher als der Halter und länger als der Umfang des Halters ist. Den senkrechten Rand sauber nach innen falten, übereinanderlegen und festkleben.

**Links:** Wellpappe ist ein ideales Material, um aus Blumenvasen oder anderen Behältern im Handumdrehen eigenwillige Kerzenhalter zu zaubern. Hohe Vasen bis etwa 5 cm unter den Rand mit Steinchen füllen. Kerzen darauf stellen und weiter mit Steinchen auffüllen, bis die Kerze sicher steht. Statt mit Steinchen oder Kieseln kann man die Kerzen auch mit Reis standfest fixieren.

## Laternenparade

**Papierlaternen sind ideale Weihnachtsdekorationen und kinderleicht zu machen. Hängen Sie die Laternen einfach als Willkommensgruß für Ihre Gäste ins Fenster.**

Die klassischen Papierlaternen – nichts leichter als das: Ein Blatt (DIN A 4) längs in der Mitte zusammenfalten. Vom Falz her alle 1,5 cm so einschneiden, daß ein Rand von 1,5 cm stehenbleibt. Das Papier entfalten und zu einem Zylinder zusammenrollen. Seitenkanten übereinander legen und festkleben. Glanzgarn in eine Stopfnadel fädeln und Schlaufen zum Aufhängen befestigen. Mit unterschiedlich dickem und verschieden gemustertem Papier, in Höhe und Größe variierend und mit Paillettenband und hübschen Borten verziert, bringen Sie noch mehr Abwechslung in Ihre Laternenparade.

**Gegenüber und links:**
Diese Laternen wurden aus verschiedenen in Silber- und Goldtönen gemusterten Papiersorten gefertigt und mit Glitzergarn ins Fenster gehängt.
Auch, wenn man sie nicht beleuchten kann – Papierlaternen wirken durch unterschiedliche Größen und Materialien immer sehr dekorativ. Je mehr, desto besser.

**Links:** Glitzernde Sterne auf silbernen Zweigen.

**Unten:** Perlenschnüre lassen den Silberkranz festlich funkeln.

**Rechts:** Große zackige Silbersterne, wie sie als Baumbehang angeboten werden, bilden einen reizvollen Kontrast zur runden Form des Kranzes.

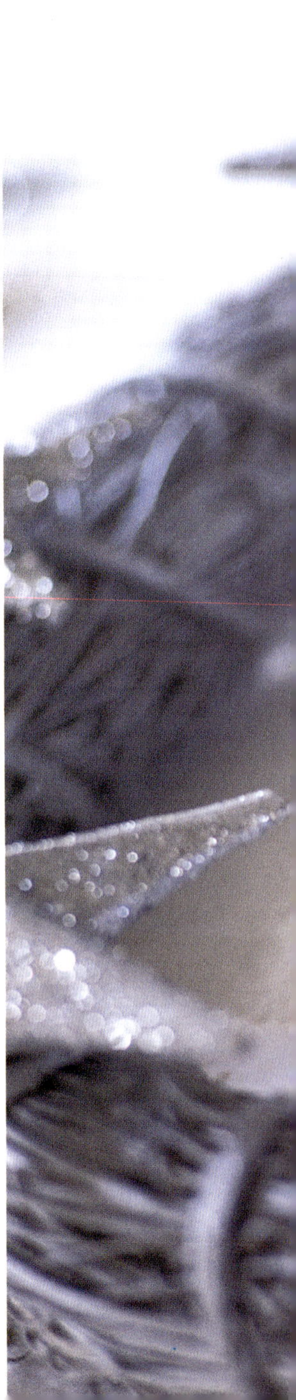

# Silberkranz

**Den Reisigkranz kann man fertig kaufen und auf verschiedene Weise in einen glitzernden modernen Schmuck für Haustür oder Wand verwandeln.**

Zuerst die Zweige mit Silberspray einsprühen. Dabei erreichen Sie eine schönere Wirkung, wenn Sie statt einer dicken Schicht drei dünne Schichten aufsprühen, die jeweils gut trocknen müssen. Den Kranz mit altmodischem Lametta oder mit Perlenschnur (als Baumschmuck erhältlich) umwinden und die Enden festkleben. Oder mit einer Heißklebepistole (diese Anschaffung lohnt sich) silberne Weihnachtssterne in regelmäßigen Abständen am Kranz befestigen.

*Ein fertiger Kranz aus Zweigen wird in einen glitzernden Silberkranz verwandelt, den man jedes Jahr neu schmücken kann.*

# Country-Weihnacht

*Weihnachten auf dem Lande ist ein entspanntes Familienfest, traditionsbewußt und ohne Hektik. Materialien aus Garten und Natur sorgen für eine gemütliche ländliche Atmosphäre. Rot und cremiges Weiß dominieren; Beeren und Wintergrün, antikes Leinen und Kirchenkerzen spielen eine wichtige Rolle.*

**Gegenüber:** Kleine Holzäpfelchen sind der Blickfang auf diesem Weihnachtstisch im Country-Stil. Seitlich davon wurden in regelmäßigen Abständen Kerzen aufgestellt. Die alten, rustikalen Küchenhandtücher aus Leinen sind ideale Platzsets; biegsame Birkenzweige mit Schneebeeren zieren die Serviettenringe.

# Gedecke und Dekorationen

**Als Tischschmuck eignen sich Beeren und Früchte jeder Art: kleine Schneebeeren, rosige Äpfelchen oder rote Vogelbeeren – falls die Vögel sie nicht längst vertilgt haben! Wer nichts findet, nimmt einfach täuschend echt wirkende Kunstbeeren, die es jetzt überall gibt.**

**Ganz links:** Eine gefaltete Serviette mit einem Ring aus Bast und Äpfelchen.
**Links:** Der winzige Eimer ist mit Beeren und Blättern gefüllt, hübsch wirkt auch Efeu oder ein Zweig Ilex mit roten Beeren.
**Gegenüber und unten:** Servietten mit biegsamen dünnen Zweigen, z. B. Birkenzweigen, umwinden. Mit Efeu und Schneebeeren dekorieren und in einem Korb mit Tannenzapfen und Grün arrangieren.

**Unten:** Ein Lichterstrauß. Einen feuerfesten Behälter mit Sand füllen und dünne Bienenwachskerzen hineinstecken. Im Fenster ist das ein stimmungsvoller Willkommensgruß für Ihre Gäste.

**Rechts:** Ein alter Waschtisch dient hier als imposanter Kerzenhalter. Einen ähnlichen Effekt erreicht man auch mit einer Schale, die man auf dem Tisch oder dem Boden plaziert.

# Country-Kerzen

**Kerzenlicht ist gemütlich, sanft und magisch, und brennende Kerzen verleihen jedem Raum eine festliche Stimmung. Arrangieren Sie Kerzen auf dem Sideboard oder auf Beistelltischen, als Gruppe auf der Fensterbank oder mitten auf dem Tisch. Je mehr Kerzen, desto größer ist die Wirkung. Man sollte sie also ruhig großzügig verteilen.**

Ein Kerzenarrangement, umgeben von einem Kranz aus Blättern, Beeren und Früchten ist als Tischschmuck oder Willkommensgruß im Flur sehr wirkungsvoll. Kränze aus Steckschaum können Sie in unterschiedlichen Größen kaufen. Die Schaumform in eine Schüssel mit Wasser legen, bis keine Blasen mehr aufsteigen, herausnehmen und kleine Zweige mit Blättern und Beeren in den Kranz stecken. Dabei möglichst großzügig vorgehen, um die Steckform vollständig zu verdecken. Die Äpfel mit Blumendraht feststecken. Am oberen Ende des festen Blumendrahts mit einer Zange kleine Ösen biegen. Von der Blüte zum Stiel durch die Äpfelchen stechen. Draht in den Schaumkranz stecken und den Apfel in die gewünschte Position bringen. Den fertigen Kranz auf einen Teller oder Untersatz legen und zuletzt die Kerzen in die Mitte stellen.

*Begrüßen Sie Ihre Gäste mit dem festlichen Glanz phantasievoll arrangierter Kerzen.*

Eine einfache Idee mit erstaunlichem Charme: Dicke Marmeladengläser verwandeln sich in Nachtlichter, dekoriert mit Efeuranken, deren glänzende Blätter das Kerzenlicht reflektieren. Efeu fest unter dem Rand um das Glas wickeln. Ranken ineinanderwinden, eventuell mit Draht fixieren.

**Gegenüber:** Ganz schlichte Arrangements passen am besten zum zwanglosen Country-Stil. Hübsche Zweige in einem rustikalen Gefäß harmonieren wunderbar mit gescheuerten Dielenböden und einfachen Möbeln. Auch Misteln mit ihren hübschen Blättern und durchscheinenden Beeren sind eine gute Alternative, am besten so locker arrangiert, daß sie kaskadenartig an den Seiten herabfallen.
**Unten:** Bei der Tischdekoration sollten Sie das Blättermotiv unbedingt fortführen.

# Dekoratives Laub

**Die Tradition, in der dunkelsten Zeit des Jahres das Haus mit Grün zu schmücken, stammt aus alter heidnischer Zeit. Auch heute noch freuen wir uns über frisches Grün mitten im Winter, wenn die meisten anderen Pflanzen Winterschlaf halten.**

Es muß nicht immer Tanne sein! Suchen Sie einfach nach anderen Blättern und Beeren, um Ihr Heim zu schmücken. Selbst in kleinen Stadtgärten kann man erstaunlich viel finden – etwa die glänzend schwarzen Beeren des Schneeballs, wächserne Schneebeeren oder Hagebutten in verschiedenen Größen und Formen. Alle Pflanzen mit leuchtenden Beeren und glänzenden, hübsch geformten immergrünen Blättern eignen sich. Wichtig ist nur, daß Ihr Arrangement natürlich wirkt. Verwenden Sie rustikale Gefäße wie Zinkeimer, dicke Marmeladengläser oder einfache Emailleschüsseln anstelle von feinen Kristall- oder Porzellanvasen.

*Im eigenen Garten findet sich oft eine erstaunliche Fülle an Blättern und Beeren für schlichte Weihnachtsdekorationen.*

**Rechts:** Frisch geschnittene Schneeballzweige (Viburnum tinus) mit üppigem Beerenschmuck in einem cremefarbenen Milchkrug. Weitere Gartenpflanzen mit attraktiven Beeren sind Feuerdorn und Cotoneaster, dessen Blätter sich im Spätherbst feuerrot färben. Die Konfektpäckchen sind mit Bast und Hopfenblüten dekoriert.

Bei Spaziergängen findet man am Wegesrand oft wilde Kletterpflanzen wie Waldrebe, Hopfen und Zaunrüben mit ihren attraktiven roten Beeren. Sie eignen sich hervorragend als ungewöhnlicher Blickfang. Hübsch ist auch der zartgrüne getrocknete Hopfen aus dem Blumenladen.

**Links:** Hopfen statt Tanne. Der üppige Strauß mit dem frischen Band wirkt als Türdekoration ungewöhnlich und überraschend.

**Unten:** Schlichter Kranz aus Efeu und Zweigen der Schneebeere, um einen Drahtring gewunden und mit Blumendraht fixiert.

# Plätzchen als Baumschmuck

**Ein Baum im Country-Stil sollte schlicht aussehen. Sternplätzchen und rote Kerzen sind eine hübsche Kombination mit bescheidenem Charme – und vielleicht gerade deshalb so wirkungsvoll.**

Früher waren echte Kerzen die einzige Möglichkeit, den Baum zu erleuchten. Inzwischen erleben sie ein Comeback, und spezielle Klemmhalter kann man überall kaufen. Die Kerzen immer möglichst weit von anderen Zweigen und Dekorationen entfernt befestigen und auf keinen Fall unbeaufsichtigt brennen lassen. Eßbarer Baumschmuck ist ebenfalls eine alte Tradition. Ausstecher für Plätzchen gibt es in allen Formen und Größen. Mit Zuckerguß, Mandeln oder eßbaren Zuckerperlen lassen sich Plätzchen zusätzlich verzieren. Ideal ist traditioneller Zuckerguß aus Eischnee und Puderzucker, da er nach dem Festwerden so schön glänzt. Stellen Sie Ihren Baum in ein großes Gefäß, und lassen Sie darunter genügend Platz für die Geschenke.

**Gegenüber und oben:** Gewürzsterne an hübschen rot-weißen Bändchen sind eine preiswerte Weihnachtsdekoration und verbreiten zudem mit ihrem Nelken- und Ingwerduft echte Country-Atmosphäre. Das Rezept finden Sie auf der nächsten Seite. Wichtig: bereits vor dem Backen mit einem Holzstäbchen oder Strohhalm ca. 1 cm vom Rand entfernt ein Loch für das Band ausstanzen.

**Rechts:** Einfache oder mit Zuckerguß verzierte Gewürzplätzchen eignen sich als Baumschmuck ebenso wie als etwas ungewöhnliche Geschenkanhänger. Die Plätzchen mit einer Schlaufe aus dünner Schnur befestigen und mit einem hübschen Band verzieren.

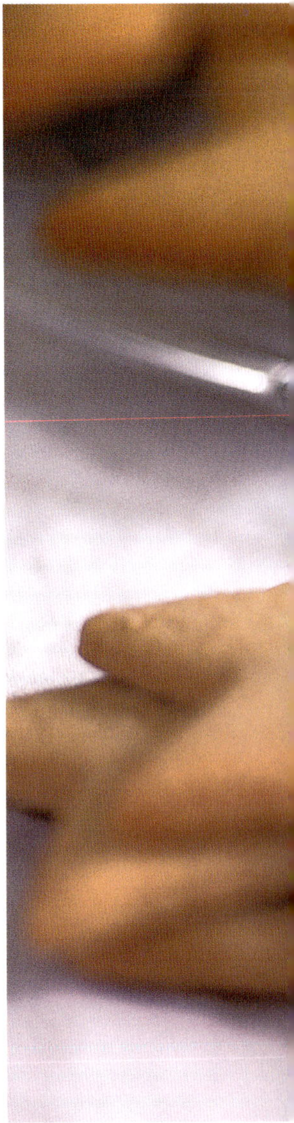

## GEWÜRZSTERNE

**150 g weiche ungesalzene Butter**
**175 g feinster Zucker**
**1 mittelgroßes Ei, leicht verschlagen**
**250 g Mehl**
**½ TL Backpulver**
**¼ TL Natron**
**½ TL gemahlener Ingwer**
**½ TL gemahlene Nelken**
**½ TL gemahlener Piment**

Für 25 Plätzchen

**1** Butter und Zucker schaumig rühren, bis die Mischung hell und luftig ist. Ei nach und nach unterrühren, bis alles gut vermischt ist.

**2** Mehl, Backpulver, Natron und Gewürze in eine Schüssel sieben, dann zur Eimischung geben und zu einem weichen Teig verrühren. In Folie gewikkelt ca. 1 Std. kühl stellen.

**3** Teig geschmeidig kneten und 5 mm dick ausrollen. Sterne mit einer etwa 8 cm großen Form ausstechen. Restlichen Teig erneut kneten, ausrollen und weitere Sterne ausstechen. Im Abstand von 2 cm auf ein leicht gefettetes Backblech legen. Etwa 1 cm vom Rand entfernt ein Loch stechen.

**4** Im vorgeheizten Ofen bei 180° (Gas: Stufe 4) etwa 10–15 Min. backen. Aus dem Ofen nehmen, trocknen lassen, danach auf ein Kuchengitter legen. Nach dem Abkühlen Bändchen durch die Löcher ziehen. In einem luftdichten Behälter aufbewahren.

# *Karten & Weihnachtsschmuck*

**Ganz rechts:** Für diese hübsche Karte ein Rechteck aus dickem Papier schneiden, auf der Rückseite mit Goldpapier kaschieren und durch Falzen dritteln. Aus dem mittleren Teil mit dem Skalpell ein symmetrisches Motiv längs zur Hälfte ausschneiden, senkrecht einrillen und um 90° hochklappen. Rechten und linken Kartenteil nach hinten umschlagen und festkleben.

**Oben:** Aus dickem Aquarell- oder Büttenpapier zwei Rechtecke von 21 x 15 cm zuschneiden. In der Mitte falten und in jeden Falz zwei Löcher machen, etwa 3,5 cm vom unteren und oberen Rand entfernt. Karten aufeinanderlegen, Bändchen durch die Löcher ziehen und zu einer Schleife binden. Gepreßte Blätter mit Silberfarbe besprühen und aufkleben.

**Rechts:** Für diese Karte ein langes Rechteck aus dickem Künstlerpapier zuschneiden und in der Mitte falten. Fünfzackige Sterne aus Goldpapier oder Geschenkpapierresten ausschneiden. Nebeneinander auf die Karte kleben. Auf jeden Stern einen kleineren kleben. Ideal für diesen Zweck sind selbstklebende Silber- oder Goldsterne aus dem Schreibwarenladen.

## Selbstgemachte Karten

**Wer seine Weihnachtskarten selbst macht, zeigt damit besondere Zuneigung für den Empfänger. Mit einfachen Werkzeugen und Techniken lassen sich edle Stoffreste, Pailletten, Seidenbänder und schönes Papier in kleine Kunstwerke verwandeln, die mit Sicherheit in Ehren gehalten werden.**

**Rechts:** Verwandeln Sie Fensterläden oder Türen in eine Weihnachtsgalerie. Ein breites Band passend zuschneiden und mit Klebestreifen oder Reißzwecken befestigen. Karten an Büroklammern oder mit Klebe-Pads befestigen.

Unten: Hier wurde ein Toastständer weihnachtlich zweckentfremdet. So können Sie alles übersichtlich und griffbereit einsortieren und sich Ihre Lieblingspost immer wieder rasch ansehen.

**Gegenüber:** Anhand weniger Grundtips lassen sich alle möglichen Karten fertigen. Zunächst dickes Aquarellpapier in die gewünschte Größe schneiden. Weihnachtliche Motive wie Sterne, Glocken oder Tannenbäume aus hübschem Papier oder farbigem Filz ausschneiden (das Material ist ideal, da es nicht ausfranst). Auf die Karte kleben und eventuell mit Pailletten oder Glitter dekorieren. Man kann auch Bänderreste in Kreuz- oder Sternform aufkleben und die Karten zusätzlich mit Gold- oder Silbersternen verzieren.

*Verschicken Sie selbstgemachte Karten immer dann, wenn Sie mehr sagen wollen, als Ihnen mit Worten gelingt.*

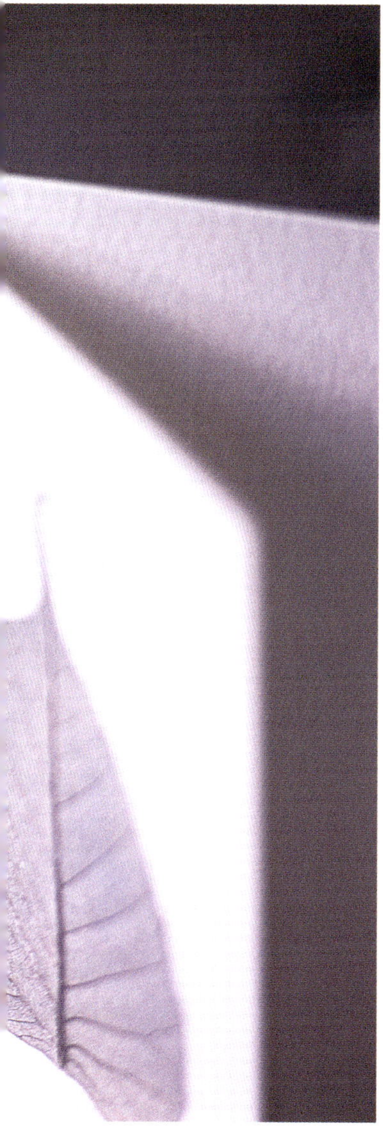

**Links:** Es lohnt sich, rechtzeitig an Ihre Weihnachtspost zu denken. Die zarten Blätter auf diesen eleganten Karten wurden bei einem Herbstspaziergang gesammelt, sorgfältig gepreßt und mit Silberfarbe besprüht.

**Unten:** Auch die Post, die Sie selbst erhalten, können Sie raffiniert präsentieren. Dieser Kartenbaum wurde aus den Ästen einer Korkenzieherweide gefertigt, die aufrecht in ein Gefäß gestellt wurden. Zur Stabilisierung dienen zerknülltes Zeitungspapier (mit etwas flüssigem Gips übergossen), grober Sand oder Kieselsteine.
Die Weihnachtskarten hängen an Schlaufen, die man einfach mit Büroklammern am oberen Rand befestigt.

JACK
THOMAS

# Nikolausstrümpfe

**Lustige selbstgemachte Nikolausstrümpfe für Kinder kann man jedes Jahr aufs Neue verwenden. Sie werden schnell zu lieb gewordenen Familienschätzen, auf die man ungeduldig wartet, wenn im Dezember die Weihnachtskiste ausgepackt wird.**

Filz ist das beste Material für Nikolausstrümpfe. Es gibt ihn in unzähligen Farben und für die Applikationen sogar mit selbstklebender Rückseite. Fertigen Sie ein Schnittmuster für den Strumpf an (möglichst großzügig, man macht den Strumpf aus Versehen oft zu klein). Doppelt ausschneiden und einen Teil verzieren. Beide Teile zusammenlegen und mit einfachem Reihstich zusammennähen.

**Links und rechts:** Lassen Sie Ihrer Phantasie beim Dekorieren freien Lauf. Knöpfe verwandeln sich zu Ballons, Pailletten zu Christbaumkugeln. Kleine Filzquadrate als »Geschenke« ausschneiden und so aufnähen, dass die Stiche wie Paketkordel aussehen.

## Baumspitzen

**Ein richtiger Weihnachtsbaum muß mit einer Baumspitze gekrönt werden. Nehmen Sie einen fertig gekauften Paillettenstern, oder, noch besser, entwerfen Sie selbst eine schöne Spitze, an der Sie sich noch jahrelang erfreuen können.**

**Oben:** Vier 25 cm lange und 1,5 cm breite Streifen aus Pappe zuschneiden. Metallband derselben Länge und Breite auf jeden Streifen kleben. Trocknen lassen und schmales Paillettenband oder Glitzerborte darauf kleben. Nach dem Trocknen zu einem achtzackigen Stern legen und die Streifen mit starkem Klebstoff in der Mitte fixieren. Mit Blumendraht am Baum befestigen.

**Rechts:** Es gibt auch fertige Dekorationen, die sich hervorragend als Baumspitzen eignen. Zum Beispiel dieser Paillettenstern. Man bohrt auf der Rückseite zwei Löcher, zieht Blumendraht durch und befestigt den Stern damit am Baum.

**Links:** Die Schleife besteht aus etwa 1,4 m Lurexband, das an den Seiten mit Draht verstärkt ist, und einem Stück Blumendraht. Band in zwei Stücke von 65 cm und 75 cm schneiden. Die beiden Enden des längeren Stücks so nach hinten falten, daß sie sich in der Mitte leicht überkreuzen. Das kürzere Stück einmal falten und als dritte Schlaufe darunter legen. In der Mitte fest mit Blumendraht umwickeln, so daß eine große Schleife entsteht. Mit den Drahtenden am Baum befestigen. Die Schleifenenden in Form schneiden und zurechtzupfen.

**Oben links:** Hängen Sie winzige Päckchen an den Weihnachtsbaum, geschmückt mit hübschem Geschenkpapier und schmalem Band. Falls Sie Ihre Schächtelchen nicht selbst aus Karton herstellen wollen, beginnen Sie früh genug mit dem Sammeln – von der Streichholz- bis zur Bouillonwürfelschachtel.

**Oben rechts:** Kleine Blumentöpfchen – naturbelassen oder golden besprüht – sind originelle Behälter, mit denen man niedliche Kleinigkeiten oder Leckereien an den Baum hängen kann. Mit zerknülltem Seidenpapier füllen und mit goldenen Perlen dekorieren (besonders einfach mit der Heißklebepistole). Band rundum festkleben, zu einer Schleife binden und an den Baum hängen.

## Christbaumschmuck

**Wenn der Karton mit dem Baumschmuck hervorgeholt wird, dann »weihnachtet es sehr«. Und da fast jedes Jahr etwas Hübsches und Persönliches neu hinzukommt, hat man bald eine ganze Sammlung liebgewonnener Erinnerungsschätze.**

**Links:** Schöne Stoff- oder Brokatreste können in elegante kleine Beutel verwandelt und als Baumschmuck benutzt werden. Sie schneiden einfach ein Rechteck aus Stoff zu, falten es rechts auf rechts, und nähen es an beiden Seiten zu. Wenden, die obere Öffnung säumen oder mit der Zackenschere bearbeiten. Den Beutel mit duftendem Potpourri, Zuckermandeln oder auch nur mit Seidenpapier füllen. Mit einem passenden Bändchen verschließen und in den Baum hängen oder legen.

In manchen Geschäften findet man das ganze Jahr über Dekorationsartikel, die sich hervorragend auch als Weihnachts- oder Baumschmuck eignen. Sie haben also ausreichend Zeit und Gelegenheit, eine ansehnliche Sammlung aufzubauen. Wenn Sie erst einmal viele verschiedene Teile zusammengetragen haben, können Sie problemlos zwischen mehreren Stilrichtungen wählen. Entweder Sie nehmen von allem das Schönste und mischen Kugeln, Perlen und indische Drahtornamente. Oder Sie wählen jedes Jahr ein anderes Thema – eine Farbe, ein Motiv oder ein bestimmtes Motto – und benutzen nur einen Teil der Sammlung.

**Gegenüber:** Baumdekorationen aus Indien erinnern an alte Familienerbstücke und verleihen dem Baum eine Aura von altertümlicher Pracht.
**Links:** Zerbrechliche Glaskugeln können mit der Zeit verblassen und fleckig werden, was aber ihren Charme noch erhöht.
**Oben:** Kugeln aus filigranem Drahtgeflecht dienen als Grundlage für einen komplett in Gold oder Silber geschmückten Baum.

Kugeln, Perlen und Lametta sind nur der Anfang einer Sammlung von Christbaumschmuck. Jedes Jahr kommen so viele hübsche, neue Artikel auf den Markt, daß es nicht schwerfällt, nach und nach weitere Schätze zu horten. Suchen Sie nach ausgefallenen Holz- oder Papierornamenten und anderen modischen Dekorationen auf Weihnachts- und Handwerkermärkten, viele stammen aus Osteuropa oder aus fernen Ländern wie Sri Lanka, Indien und Japan.

**Oben:** Raffiniert gefaltete Papierobjekte sind das ganze Jahr hindurch beliebt. Zu den traditionellen Formen gehören Glocken, Früchte, Schneemänner und bunte Kugeln. Sie lassen sich flach zusammenlegen und werden mit feinen Häkchen in Form gehalten.

**Rechts:** Holzdekorationen sind ideal für Familien mit kleinen Kindern, da sie viel robuster als Glaskugeln sind. Die traditionellen Figuren aus dem Erzgebirge sind besonders hübsch.

**Gegenüber:** Der aufwendig verzierte kleine Stoffelefant stammt aus Indien. Wer möchte, kann eine ganze Menagerie dieser Art zusammentragen, etwa Fische mit Schuppen aus Goldpailletten, bestickte Katzen und rote Samtkamele.

*Halten Sie immer Ausschau nach apartem und ungewöhnlichem Weihnachtsschmuck.*

# Geschenke & Verpackung

## Verpackungsideen

**Phantasievoll verpackte Geschenke können als Festtagsdekoration ebenso wichtig sein wie der Christbaum. Mit Bändern und Schleifen lassen sich Päckchen am einfachsten und stilvollsten verschönern.**

**Links:** Altmodische Pillendosen sind ideal für Geschenke wie Ohrringe oder Manschettenknöpfe. Die hübschen Döschen braucht man oft nicht einmal einzupacken, ein Band genügt.
**Gegenüber:** Kleine Papiertüten für Süßigkeiten. Die Leckerei hineinlegen, das Tütchen oben zurollen, zwei Löcher hineinstanzen, Geschenkband durchziehen und zur Schleife binden.

**Oben:** Eine »Form«, etwa ein Buch, ist hilfreich, um Geschenktüten zu basteln: In schönes Papier einschlagen, die Längsseite mit Klebestreifen festkleben, eine Schmalseite sauber falten und ebenfalls festkleben. Das Buch vorsichtig herausziehen, das Geschenk hineinlegen, die Öffnung zweimal falzen, mit Band umwickeln und zubinden.

*Auch Geschenkgutscheine oder Geldgeschenke lassen sich mit ein wenig Phantasie in zauberhafte kleine Kunstwerke verwandeln.*

Gutscheine und Geld sind beliebte Geschenke. Anstatt sie nur in einen Umschlag zu stecken, kann man sie charmant in hübsch überzogenen und dekorierten Pappröllchen präsentieren. Zum Beispiel Vierecke aus Papier zuschneiden, den Gutschein darauf legen und zusammenrollen. Mit Klebeband fixieren und mit einem Band zusammenbinden.

**Gegenüber:** Diese Sammlung alter Hutnadeln stammt vom Antiquitätenmarkt. Mit Gazeband auf dem Geschenkröllchen oder einem Päckchen befestigen (oben). Nicht vergessen, das Sicherheitskäppchen wieder aufzustecken.

**Links:** Wer mehrere Gutscheine verschenken möchte, kann die dekorierten Rollen in eine Schale legen oder dekorativ an den Baum hängen.

*Hübsche Päckchen erhalten mit Glitzerschmuck, reich verziertem Band und einer festlichen Schleife den letzten Schliff.*

**Rechts:** Schimmernde Goldtöne lassen Päckchen besonders edel wirken.
**Unten:** Oder man stimmt die Päckchen farblich genau aufeinander ab und wählt bewußt sehr unterschiedliche Papierarten und -strukturen.

**Oben:** Baumbehang wie dieser Paillettenstern kann ein liebevoll verpacktes Geschenk noch reizvoller machen und ist zudem selbst ein hübsches kleines Geschenk.

**Oben:** Mit mehreren Lagen aus verschiedenen Papieren und Bändern lassen sich besonders opulente Ergebnisse erzielen.

## Kerzen

**In einer Jahreszeit, in der sanftes Licht für die festliche Stimmung so wichtig ist, sind Kerzen ideale Geschenke. Mit etwas Phantasie kann man sie in wahre Luxusartikel verwandeln.**

Üppige Bänder bringen Kerzen besonders gut zur Geltung. Einfache Windlichte oder Kerzenbündel mit extravagantem Gaze- oder Seidenband zu verzieren, kann so wirkungsvoll sein, daß jede weitere Verpackung Verschwendung wäre. Dabei darauf achten, dünne Kerzen nicht in die Nähe der Heizung oder des Kamins zu legen, sie verbiegen sich sonst.

**Rechts:** Schimmerndes Band und eine schmale Seidenschnur machen die Kerze in dem einfachen Glas zur festlichen Dekoration.

**Gegenüber:** Ein Bündel Blumensteckkerzen, mit plissiertem Seidenband und einer Schleife verziert, wird zum liebevollen Geschenk.

*Kerzen in schlichten Gläsern und einfache Kerzenbündel wirken mit extravaganten Bändern besonders hübsch.*

**Rechts:** Rustikale Kerzen aus Bienenwachs duften so gut, daß man sie am liebsten essen möchte. Wickeln Sie die Kerzen einfach in ein altmodisches Papierdeckchen (oder eine kleine Tortenspitze), binden Sie das Paket mit Satinband mit gekräuseltem Saum zusammen, und schon haben Sie ein dekoratives und nützliches Geschenk.

**Oben und oben links:** So werden alte Teetassen zu hübschen Kerzen. Sie benötigen ein wenig Paraffinwachs, das man in Bastelgeschäften bekommt, und ein Stück Docht. Wachs im Wasserbad schmelzen (nie unmittelbar über der Hitze). Docht an einem Stift festbinden und den Stift so über die Tasse legen, daß der Docht in der Mitte bis auf den Boden des Gefäßes hängt. Das heiße Wachs hineingießen. Wenn es fest geworden ist, den Docht abschneiden.
**Unten links:** Die gleiche Technik bei den goldenen Blumentöpfen anwenden (zuerst das Drainageloch verschließen).

# Duftende Geschenke

**Duftende Präsente wie Luxusseife, ein Flakon mit teurem Parfum und edle Badezusätze gehören zu den traditionellen Weihnachtsgaben. Etwas ganz Besonderes sind sie natürlich, wenn sie selbst gemacht wurden, wie diese Säckchen mit Potpourri und Lavendel.**

**Gegenüber:** Nähen ist nicht nötig. Eine Handvoll wohlriechendes Potpourri oder ein Stück Seife auf ein hübsches altes Taschentuch legen, die Ecken hochziehen und mit einem Band in passender Farbe zusammenbinden.

**Oben und links:** Traditionelle leinene Lavendelsäckchen erhalten eine weihnachtliche Note, wenn man sie mit Christbaumschmuck verziert. Wer Badesalz verschenken möchte, sollte es zuerst in ein Plastiktütchen füllen, damit es nicht durch den Stoff dringt.

# Leckereien

**Wer freut sich nicht über eine Schachtel oder ein Körbchen mit köstlichen selbstgemachten Pralinen aus allerbesten Zutaten?**

Die Zeit und Mühe, die Sie für selbstgemachte Geschenke aufwenden, zeigt Freunden und Verwandten, wie wichtig sie Ihnen sind. Pralinen herzustellen ist einfach und macht Spaß. Das Grundrezept (s. nächste Seite) läßt sich auf vielerlei Weise variieren. Man kann die fertigen Süßigkeiten in gehackten Nüssen wälzen, mit Kakaopulver bestreuen und mit glasierten Früchten verzieren. Als Behälter für diese kleinen Leckereien kann man Papiertüten, kleine Schachteln, winzige Tragetaschen oder auch kleine Spankörbchen verwenden.

**Links und gegenüber:**
Selbstgemachte Geschenke kosten zwar mehr Zeit und Mühe als fertig gekaufte, werden aber gerade deshalb besonders geschätzt.

*Köstliche hausgemachte Schokoladentrüffel sind ein herrliches Geschenk und lassen sich kinderleicht herstellen!*

## SCHOKOLADENTRÜFFEL

**25 g Rosinen**

**1 EL Rum**

**25 g feinster Zucker**

**25 g ungeschälte Haselnüsse**

**200 g hochwertige Bitterschokolade**

**50 g Butter**

**150 ml Crème double**

**1 EL Cognac**

**Für den Überzug:**

**50 g ungesüßtes Kakaopulver**

**75 g gehackte Pistazien oder Mandeln**

**100 g hochwertige Bitterschokolade**

**25 g hochwertige weiße Schokolade**

Ergibt 27 Trüffel

**1** Rosinen in eine kleine Schüssel geben, Rum hinzufügen, zudecken und über Nacht ziehen lassen.

**2** Backblech leicht einfetten. Zucker und Haselnüsse in einen kleinen Topf mit schwerem Boden geben und sanft erhitzen, bis der Zucker geschmolzen ist und die Masse zu karamelisieren beginnt. Weiter erhitzen, bis sie goldbraun ist, auf das Backblech gießen und abkühlen lassen. Nach dem Erhärten in Stücke brechen und mit einer Teigrolle grob zerkleinern.

**3** Schokolade und Butter im Wasserbad in einer hitzefesten Schüssel schmelzen lassen, dann Crème double einrühren. Eine Stunde abkühlen lassen.

**4** Die Trüffelmischung auf drei Schüsseln verteilen. Zur ersten Schüssel den Cognac hinzufügen, zur zweiten die Rumrosinen und zur dritten die zerkleinerten Nüsse. Über Nacht im Kühlschrank stehenlassen.

**5** Für die Rumrosinen-Trüffel Kakaopulver in eine Schüssel sieben, nacheinander teelöffelgroße Mengen der Trüffelmischung vorsichtig darin wälzen.

**6** Für die Cognac-Trüffel teelöffelgroße Portionen der Trüffelmasse zu Kugeln formen und in den gehackten Mandeln oder Pistazien wälzen, bis sie ganz bedeckt sind.

**7** Für die Krokant-Trüffel die Schokolade schmelzen und mit einer Gabel kleine Kugeln der Trüffelmischung in die Schokolade tauchen. Überschüssige Schokolade abtropfen lassen. Kugeln auf Backpapier legen, bis der Überzug fest ist. Weiße Schokolade schmelzen und Muster über die Trüffel träufeln.
Trüffel bleiben im Kühlschrank bis zu 1 Woche frisch und köstlich.

**Oben und rechts:** Perfekt präsentiert. Die Trüffel wurden mit geschmolzener weißer Schokolade verziert, in Pralinenförmchen gelegt und liebevoll auf einer zierlichen Kuchenplatte aus Glas arrangiert.

**Diese Seite und gegenüber:**
Wer nicht genug Zeit hat, Köstlichkeiten wie diese Käsestangen selbst zu backen, kann gekaufte leckere Plätzchen phantasievoll verpacken, zum Beispiel in hübsche mit Papier ausgelegte Schachteln, die mit einem Band verziert werden.

## KÄSESTANGEN

**500 g fertiger Blätterteig**

**3 EL körniger Senf**

**75 g geriebener reifer Cheddar (oder anderer Käse)**

**25 g frisch geriebener Parmesan**

Ergibt 36 Käsestangen

**1** Auf einer leicht bemehlten Fläche den Teig zu einem Rechteck von etwa 16 cm x 40 cm ausrollen und mit der Schmalseite vor sich hinlegen. Die oberen beiden Drittel der Teigplatte mit der Hälfte des Senfs nicht ganz bis zum Rand bestreichen. Die Hälfte des Käses auf den Senf streuen und sanft andrücken.

**2** Das unbedeckte untere Teigdrittel über den Käse falten, dann vorsichtig das obere Drittel darüberfalten. Die offenen Seiten fest mit einer Teigrolle andrücken.

**3** Den Teig um 90° drehen und erneut auf das alte Maß ausrollen. Mit dem restlichen Senf und Käse verfahren wie zuvor.

**4** Den fertigen Teig zu einem Rechteck von etwa 26 cm x 17 cm ausrollen. Seiten sauber abschneiden. In Streifen von etwa 1,5 cm x 17 cm schneiden und zu Spiralen drehen. Auf ein Backblech legen und im vorgeheizten Ofen bei 200° (Gas: Stufe 6) 15 bis 20 Minuten backen, bis sie goldbraun aufgegangen sind.

**5** Aus dem Ofen nehmen, zunächst 5 Min. auf dem Blech und danach auf einem Kuchenrost fertig abkühlen lassen. In luftdichtem Behälter aufbewahren oder einfrieren (bis zu einem Monat haltbar).

## FEUERNÜSSE

**je 200 g blanchierte Mandeln, Haselnüsse und Cashewkerne**
**1 EL Olivenöl**
**1/2 TL Knoblauchsalz**
**2 TL scharfe karibische Gewürzmischung (»Jerk«), erhältlich in gut sortierten Gewürzläden**

**1** Nüsse und Olivenöl in einer Schüssel mischen. Salz und Gewürzmischung darüberstreuen und gut vermischen.

**2** Nüsse auf ein Blech legen und im vorgeheizten Ofen bei 180° (Gas: Stufe 4) 12–15 Min. backen, bis sie braun sind. Abkühlen lassen, dann in luftdichtem Behälter aufbewahren.

Ergibt insgesamt 600 g Gewürznüsse

*Selbsgemachte Leckereien: ein kleines Geschenk auf dem Gedeck, ein Minipäckchen unter dem Baum oder ein Abschiedsgeschenk für Ihre Gäste.*

Selbstgemachte Köstlichkeiten liebevoll in dekorative Behältnisse gefüllt, sehen viel stilvoller aus als fertig gekaufte. Ein kleiner Stoffrest verwandelt sogar ein schlichtes Marmeladenglas in eine hübsche Verpackung für Ihre eßbaren Präsente. Für Nüsse, fetthaltige Plätzchen und Trüffel eignen sich Zellophantütchen. Wer Plätzchen oder Schokolade in selbstgebastelten Papier- oder Pappschachteln verschenken möchte, legt diese am besten mit Pergamentpapier aus.

**Oben links:** Ein kleines Spankörbchen wird mit Japanpapier ausgelegt und mit selbstgemachten Plätzchen gefüllt. Ein fröhliches Karoband gibt dem Geschenk den letzten Pfiff.
**Links:** Gekaufte Oliven in einem hübschen Glasgefäß mit Olivenöl, Lorbeerblatt und buntem Pfeffer einlegen. Über den Verschluß ein Stück Pergamentpapier und darüber ein Stück rustikalen Stoff legen. Zum Schluß mit festlicher Goldschnur zubinden.
**Gegenüber:** Feuernüsse in Zellophanbeuteln sind perfekte Abschiedsgeschenke nach einer Weihnachtsparty.

# *Danksagungen*

Zunächst möchte ich allen Mitarbeitern bei Ryland Peters & Small danken: Alison Starling, Gabriella Le Grazie, Megan Smith, Sally Powell und Kate Brunt. Ganz besonders meiner Lektorin Annabel Morgan für ihren unermüdlichen Enthusiasmus und ihre Unterstützung während der Kugel- und Lamettaflut. Ein herzliches Dankeschön auch an Kathy Man für die festlichen Rezepte. Vielen, vielen Dank an meine wunderbare Assistentin Kirsten Robinson, nicht nur für ihre Effizienz, sondern auch für ihre Fröhlichkeit und ihren unermüdlichen Eifer. Danke auch an Sandra Lane für die wunderschönen Fotos sowie an ihre Assistentin Claudia Dulak. Danken möchte ich auch meiner Agentin Fiona Lindsay. Wie immer hat mich auch mein Mann nach Kräften unterstützt und sich klugerweise während des wochenlangen Weihnachtstrubels hier zu Hause mit seiner Arbeit nach Rio zurückgezogen. Auch ihm ein herzliches Dankeschön

Die Fotos auf S. 2 und S. 44–48 stammen von Debi Treloar.

Autorin und Verlag danken Stephan Schulte und Sheila Scholes für die Erlaubnis, in Ihrem Heim zu fotografieren.

*Frohe Weihnachten!*

Übersetzung: Beate Felten-Leidel, Köln
Redaktion: Jutta Müller-Willems, Düsseldorf

Die Originalausgabe erschien 2000
unter dem Titel »Christmas Details« bei
Ryland Peters & Small Ltd.
Kirkman House
12-14 Whitfield Street
London, W1T 2RP



Printed in China

**ISBN 3-933861-31-4**